Romanos

José Young

Ediciones Crecimiento Cristiano

© 2008 **Ediciones Crecimiento Cristiano**
Título: Romanos
Autor: José Young
Primera edición: 1993
Versión nueva: 2009
I.S.B.N. 950-9596-91-4
Clasificación: Estudio bíblico: Guía de estudio
Diseño de tapa: Ana Ruth Santacruz
Corrección: Michelle Sommerville
Queda hecho el depósito que previene la ley 11.723.

Impreso en los talleres de
Ediciones Crecimiento Cristiano
Córdoba 419
5903 Villa Nueva, pcia. de Cba.
Argentina

oficina@edicionescc.com
www.edicionescc.com

IMPRESO EN ARGENTINA   VE6

Introducción

Aunque toda la Biblia es la Palabra de Dios, y por esta razón igualmente importante, hay varios libros claves para nuestra comprensión de los hechos y propósitos de Dios. Génesis es un buen ejemplo. Romanos es otro.

Por ejemplo, el teólogo Juan Calvino dijo que "si un hombre lo comprende, se le abre un camino seguro para la comprensión de todas las Escrituras". Y multitudes de creyentes, desde estudiosos hasta la gente más simple, han dado testimonio de cómo este libro les ha cambiado la vida.

¿Por qué es un libro tan significativo? Básicamente porque responde a la más antigua pregunta de la humanidad: "¿Cómo puede un hombre, pecador, reconciliarse con Dios?" Aunque Pablo toca varios temas en este libro, los primeros once capítulos se dedican a ese dilema. Así muchos han llamado al libro: "El evangelio según Pablo".

Situación del libro

La Carta a los Romanos es inusual ya que Pablo no conoció la ciudad de Roma. La iglesia fue fundada por otros creyentes, algunos de los cuales Pablo había conocido en sus viajes. En el capítulo 16 encontramos una lista de personas de la iglesia de Roma a las que Pablo saluda.

Probablemente escribió la carta alrededor del año 57 o 58, cuando estuvo en Corinto. Pensaba ir hasta Jerusalén y luego pasar por Roma en camino a España. Nunca completó el viaje, y cuando finalmente llegó a Roma, llegó preso (Hechos 28:11-31).

Recomendamos que, para poder comparar pasajes difíciles, tengan disponible más de una versión de la Biblia durante su estudio en grupo.

Índice

Estudio	Página	Pasaje	Tema
1	5	Romanos 1:1-17.	Pablo y su propósito
2	12	Romanos 1:18-32.	El origen del problema
3	17	Romanos 2:1 - 3:20 . . .	El problema delineado
4	22	Romanos 3:21-31.	La solución de Dios
5	28	Romanos 4	¿Qué de Abraham?
6	33	Romanos 5	Liberados
7	38	Romanos 6	La muerte y la vida
8	43	Romanos 7	Yo no puedo
9	48	Romanos 8:1-17.	La solución de Dios
10	53	Romanos 8:18-39.	Mirando hacia adelante
11	59	Romanos 9:1-29.	¿Qué de Israel?
12	65	Romanos 9:29-10:21 . .	¿En qué fallaron?
13	69	Romanos 11	Mirando hacia adelante
14	74	Romanos 12.1-8.	La nueva vida
15	79	Romanos 12.9-21.	Recursos
16	84	Romanos 13	¿Cómo cumplir la ley?
17	89	Romanos 14	Conflictos
18	95	Romanos 15:7-16:27 . .	Pablo y sus planes
19	100	Romanos 16	Conclusión personal
	107	Cómo utilizar este cuaderno	

Haremos referencia a más de una versión de la Biblia en este estudio. Ellas son:

RV = Reina-Valera, versión 1995
NVI = Nueva Versión Internacional
DHH = Dios Habla al Hombre

1 Pablo y su propósito

☞ Romanos 1:1-17

Las Biblias que tienen subtítulos llaman a los versículos 1-7 el "saludo" o "salutación". Es porque en estos versículos vemos la forma antigua de comenzar una carta. Un resumen muy elemental de estos versículos sería:

Pablo... a los que viven en Roma.

Casi todas las otras epístolas tienen esta misma forma, indicando que son cartas, no documentos teológicos. Pablo no entra en su tema hasta el versículo 18. Y ahora dice esencialmente dos cosas:
que quería visitarlos
que oraba por ellos
En esta introducción a su carta, Pablo menciona a tres personas o grupos de personas, además de sí mismo: Dios, Jesucristo y los romanos. De sí mismo dice que es apóstol. (Nota 1)

1/ ¿Qué podemos saber acerca de los romanos de estos 17 versículos?

En el versículo 7 Pablo afirma que habían sido llamados a ser "santos".

2/ ¿Qué quiere decir con esta expresión?

Pablo nos presenta a Jesucristo como Dios y como hombre. Pero en el versículo 4 encontramos una expresión que nos hace pensar. Busque este versículo en más de una versión de la Biblia.

3/ Lea además Filipenses 2:5-11 en relación con este pasaje.veces en su respuesta.

a/ ¿Jesús era hijo de Dios o se le dio ese título al resucitar?

b/ ¿Tenía poder o lo obtuvo al triunfar sobre la muerte?

Desde el primer párrafo, Pablo declara cuál es el tema principal de su carta: el evangelio.

4/ En esta breve introducción, ¿qué aprendemos acerca de
    a/ el origen del evangelio?

b/ el contenido del evangelio?

c/ el propósito del evangelio?

5/ ¿Qué importancia tiene el hecho de que Jesucristo fue descendiente del rey David?

Pablo dice, luego, que quiere visitar a la iglesia en Roma.

6/ ¿Qué razones tiene para visitarlos?

Note como Pablo da gracias por ellos en sus oraciones. ¿Estamos acostumbrados a dar gracias por las personas con quienes normalmente tenemos contacto? ¿Hay personas por las cuales *no* podemos dar gracias? ¿*Debemos* dar gracias por ellas?

7/ ¿Cuál es su experiencia y su opinión?

8/ Pablo dice que se sentía "deudor" con la gente (v. 14).

a/ ¿Por qué razones puede haberse sentido deudor?

b/ ¿Es algo que nosotros también debemos sentir? Explique por qué.

En los versículos 16 y 17 Pablo afirma el tema central del evangelio. Es importante tener en cuenta que "justo" o "justicia" aquí (y en el libro de Romanos) es principalmente un término legal. Se refiere a nuestra condición frente al juez del universo. Todos somos culpables, o somos justificados, delante de él.

Pablo afirma que no sentía vergüenza de anunciar el mensaje del evangelio. Aunque había amplias razones por las que podía haber sentido vergüenza.

Era preso. Predicaba a Cristo, un criminal crucificado. La gente veía a los cristianos como ateos porque no adoraban a sus ídolos y caníbales porque comían carne y bebían sangre (referencia a la Cena del Señor).

9/ Por supuesto, nuestra situación es diferente. Sin embargo, nosotros sí a menudo tenemos vergüenza del evangelio. ¿Por qué?

En los versículos 16 y 17 Pablo introduce el tema de su carta: el evangelio de Jesucristo, las buenas noticias acerca de Jesús, el Mesías.

Es el poder de Dios, el mensaje que Dios utiliza para cambiar vidas.

10/ ¿Por qué dice que es para los judíos en primer lugar?

11/ ¿Qué diferencia habrá entre la "fe del pueblo" que nos rodea y la fe que Dios pide de nosotros?

Note que en el versículo 17 Pablo cita al profeta Habacuc. Algunas versiones de la Biblia indican que esa frase se puede traducir de dos maneras igualmente aceptables:

El justo, vivirá por la fe.
El que es justo por la fe, vivirá.

12/ ¿Dicen lo mismo? ¿Hay una diferencia entre las dos?

Los versículos 1-17 sirven de introducción al tema que Pablo trata en los siguientes capítulos. El evangelio es poderoso, pero desgraciadamente circulan en nuestro medio varias distorsiones del evangelio. Pablo describe con mucho detalle el tema, porque es un tema de vida o muerte. Este evangelio es el poder de Dios que cambia vidas y da vida. Pero es imprescindible que lo comprendamos bien y que lo sepamos comunicar a otros.

Notas:

1 - Se discute si Pablo era uno de los doce apóstoles o no. Pero hay que tomar en cuenta dos cosas:

Primero, no hay ninguna sugerencia en el Nuevo Testamento de que Pablo haya tomado el lugar de Matías (Hechos 1:21-16).

Segundo, vemos en el Nuevo Testamento que había otros apóstoles además de los doce. Note, por ejemplo, Hechos 13:1-3, 14:4 y 14, y Romanos 16:7.

Los "otros" apóstoles eran enviados por el Espíritu, pero no ocuparon el lugar especial de los doce. Eran, como decimos hoy, misioneros.

2 El origen del problema

☞ Romanos 1:18-32

Con esta parte Pablo comienza una exposición de la situación del hombre, que se extiende hasta Romanos 3:20. Habla *de* la humanidad. Además habla *a* la humanidad y a cada uno de nosotros. ¿Cómo quedamos frente al Juez del universo? Culpables, y punto.

En toda esta sección hasta 3:20 el tema no es la salvación ni la vida. El tema es el pecado y la condenación, y es importante recordar esto mientras lo estudiamos. Luego, en 3:21, donde encontramos dos de las palabras más importantes de la Biblia: "pero ahora...", Pablo explica el camino de la justificación y la vida.

La palabra "ira" (algunas versiones tienen "castigo", "cólera" o "reprobación") significa enojo. Dios está enojado.

Normalmente la Biblia habla de la ira de Dios que será revelada y aplicada al final de la historia del mundo. Pero los comentaristas indican que el verbo en el versículo 18 es presente, es decir, que Dios *está mostrando* su ira actualmente.

1/ ¿De qué maneras Dios muestra su ira actualmente?

Pablo afirma que toda persona debe reconocer la existencia de Dios, que nadie tiene excusa (v. 20).

2/ Si es así,

a/ ¿qué se puede saber de Dios sin la Biblia?

b/ ¿Cuáles son los aspectos principales de Dios que *no* podemos conocer sin la Biblia?

Es cierto que sin la revelación de Dios una persona solamente puede tener un conocimiento limitado de Dios.

3/ ¿De qué manera, entonces, el hombre ha reaccionado mal frente a lo que sí conoce de Dios (vv. 18-23)?

4/ ¿Qué consecuencias ha tenido este rechazo a Dios en la mente y los pensamientos del hombre, según Pablo?

El versículo 23 habla de lo que llamamos la idolatría, algo muy común en las sociedades primitivas.

5/ Pero la idolatría no se limita a las tribus primitivas.

a/ ¿Qué es, realmente, la idolatría?

b/ ¿Cómo se manifiesta en nuestra cultura, en nuestro pueblo?

6/ Elabore una definición de la palabra "pecado", basándose en los versículos 18-23.

Romanos 1:24-32

En el versículo 24 encontramos una de las expresiones más temibles de la Biblia: "Dios los entregó...". La palabra "entregó" significa abandonar, soltar la mano. Es como si Dios hubiera dicho: "Si esto es lo que quieren, entonces les doy la libertad de vivir sus propias vidas a su gusto". Note que esta expresión se repite tres veces, en los versículos 24, 26 y 28.

7/ En esencia, ¿a qué ha abandonado Dios a la humanidad?

Note la variedad de fallas mencionadas en los versículos 28-31. Van desde la vanidad (que normalmente no vemos como algo muy pecaminoso) hasta el asesinato. Sin embargo, Pablo afirma que el castigo para todos estos pecados (aun los que nosotros vemos como menos graves) es igual.

8/ ¿Cómo puede ser esto?

9/ Note el versículo 32. ¿Le parece que la gente de su barrio conoce realmente el decreto de Dios contra quienes hacen estas cosas?

Pablo afirma que el enojo de Dios se ha revelado, y explica también por qué está enojado. También aclara las consecuencias de la rebelión del hombre.

10/ ¿Hasta qué punto su iglesia está equilibrada al considerar esta lista de pecados? ¿Hay alguno, o algunos, que son considerados aceptables en la práctica?

El problema fundamental del ser humano es teológico. Es decir que su situación actual de inmoralidad, corrupción, etcétera, es una consecuencia directa de su rechazo de Dios. Dios, el Juez, ha decretado su veredicto sobre la humanidad, y todos enfrentaríamos la muerte eterna si alguien no nos hubiese rescatado.

La salvación, por supuesto, es el evangelio. Pero Pablo no ha terminado todavía de enfrentar al hombre con su pecado, como veremos en el estudio que sigue.

3

El problema delineado

☞ Romanos 2:1 ~ 3:20

Es fácil imaginar la reacción de muchos frente al planteo de Pablo en el capítulo uno: "Es cierto, hay mucha gente mala. Los ladrones, los homosexuales, las prostitutas, todos ellos están perdidos. Pero gracias a Dios que no soy así...".

Los judíos, especialmente, se pensaban un pueblo especial, escogido por Dios, y estaban seguros de su aprobación. Pero Pablo en esta sección procede a cerrar *toda* boca frente al tribunal del Juez del universo.

En estos primeros versículos del capítulo, Pablo nos acusa de engañarnos a nosotros mismos. Pretendemos que son los *otros* que están mal, no nosotros.

1/ Nosotros, los que profesamos ser discípulos de Jesucristo, ¿caemos en la misma trampa? Explique.

Pablo dice que es Dios quien tiene la palabra final. Y en los versículos 7-10 divide la humanidad en dos grupos.

2/ Anote las características de estos dos grupos.

3/ Según los versículos 1-10, ¿sobre qué base juzgará Dios a todos?

4/ El versículo 11 es fundamental para nuestra salvación. ¿Por qué?

Romanos 2:12-16

En el bloque de los versículos 12-16 Pablo de nuevo habla de dos grupos, los judíos y los demás (los gentiles). Los dos grupos tienen que enfrentarse con el Juez del universo.

5/ ¿Los judíos tienen una ventaja sobre los demás o no? ¿Por qué?

6/ El caso de los no judíos es más difícil.

    a/ No tienen *la* ley, sin embargo tienen *una* ley. ¿Cómo funciona esa ley?

    b/ ¿Sugiere el versículo 15 una posible excepción al versículo 12? Explique.

Romanos 2:17-24

Pablo, en 2:24, cita con aprobación a Isaías. La Nueva Biblia Española lo traduce así: "por vuestra culpa maldicen los paganos el nombre de Dios".

7/ Según Pablo,

    a/ ¿por qué lo hacen?

b/ ¿Ocurre algo parecido entre nosotros, los creyentes? Explique.

Romanos 2:25-29

En los versículos 25-29 Pablo habla de la circuncisión, un rito central de su religión. Para recordar su significado, busque Génesis 17:9-14.

8/ En cuanto a estos versículos de Romanos,
a/ explique el argumento de Pablo.

b/ ¿De alguna manera se puede aplicar este pasaje a nosotros, los cristianos?

Romanos 3:1-20

Desde el comienzo de 3:1, Pablo habla como si estuviera debatiendo con un adversario. Responde a objeciones que seguramente había escuchado alguna vez. No es fácil seguir su argumento, pero vamos a intentarlo.

9/ Intente poner en sus propias palabras lo que parecen ser las objeciones que Pablo debate.

10/ ¿Qué, en esencia, es la respuesta de Pablo?

La conclusión de Pablo en los versículos 9-20 es fulminante; no queda excluído nadie. Las citas del Antiguo Testamento en los versículos 10-18 pintan un cuadro claro de la humanidad. Frente al Juez del universo, todos tenemos que agachar la cabeza como culpables.

Uno pensaría que, por lo menos, los que tienen la ley de Dios estarían aceptados por él. Pero Pablo cierra aun esa puerta.

11/ ¿Por qué la ley de Dios no es la solución para el hombre culpable?

Si 3:20 fuera la terminación del libro de Romanos, estaríamos en una situación bastante triste. Hay pocas indicaciones de esperanza hasta ahora en el libro. Pero gracias a Dios que no solamente es un Juez justo, sino también misericordioso.

4 La solución de Dios

☞ Romanos 3:21-31

Este pasaje comienza con dos de las palabras más importantes de la Biblia: "Pero ahora...". Con esta expresión, Pablo nos lleva fuera del laberinto de nuestro pecado que encontramos en los pasajes anteriores.

Es importante ver este pasaje en las versiones Reina-Valera o Biblia de Jerusalén porque hay tres términos que necesitamos destacar. Los tres describen la acción de Dios. El primero es "justicia" (las palabras afines son "justo" y "justificar"). Según el diccionario bíblico significa: "Lo que Dios requiere; lo que es recto, justo".

Pablo, en Filipenses 3:6, afirma que alguna vez tenía una justicia propia, una justicia basada en la ley. Sin embargo en el versículo 9 dice que la abandonó.

1/ ¿Por qué habrá hecho eso, si ya tenía una justicia?

Pablo dice que si buscamos la justicia de Dios, no vamos a encontrarla en su ley, sino en la fe. Pablo dice que tenemos que "creer" en Jesucristo (v. 22).

Hay varios pasajes donde el verbo normalmente traducido por "creer" se traduce por "encomendar" o "confiar". Por ejemplo, en Romanos 3:2 el mismo verbo (normalmente traducido "creer") se traduce por "confiar" y en Gálatas 2.7 y 1 Timoteo 1.11 por "encomendar".

2/ ¿Cómo nos ayuda esta manera de traducir el verbo a comprender la naturaleza de la fe bíblica?

3/ ¿De qué manera Santiago 2:14-26 nos ayuda a comprender la fe bíblica?

Ahora se ha manifestado la justicia de Dios de dos maneras. Primero, demuestra que Dios es justo (v. 26) y segundo, revela la justicia que nos ofrece.

4/ ¿Por qué es justo Dios en justificarnos por fe y no por ley?

El doctor Lloyd-Jones, en su comentario sobre Romanos, dice lo siguiente:

La justificación en sí no nos cambia; más bien, es una declaración de parte de Dios acerca de nosotros. No es un resultado de algo que hacemos, sino de algo que se nos hace... somos declarados justos en el momento que ejercitamos la fe... nos viene sin precio y por la gracia de Dios; es un regalo gratis para los que merecen justamente lo contrario. Esta gran doctrina de la justificación nos enseña que Dios no solamente nos perdona, sino también nos acredita la justicia de Jesucristo.

5/ ¿Qué quiere decir Lloyd-Jones cuando afirma que "nos acredita la justicia de Jesucristo"?

La segunda palabra clave es "redención" (v. 24). Normalmente tiene el significado de rescatar algo, pagando el precio. Un ejemplo común era lograr la libertad de un esclavo pagando a su dueño.

Pablo enfatiza que *nuestra* redención no nos costó nada; Jesucristo pagó el precio, y nuestra libertad es un regalo de Dios, un resultado de su misericordia.

Pero si hemos sido liberados, entonces antes éramos presos, esclavos. Más de una vez encontramos referencias a nuestra esclavitud en el Nuevo Testamento.

6/ Busque pasajes del Nuevo Testamento que hablan de la esclavitud de la cual hemos sido liberados.

La tercera palabra clave es "propiciación" (v. 25). No es una palabra común y viene del contexto del Antiguo Testamento. El otro y único lugar del Nuevo Testamento donde encontramos la palabra es en Hebreos 9:5. Allí se refiere a la tapa del cofre donde se guardaban las tablas de la ley de Moisés. Generalmente, cuando encontramos esta palabra en la versión griega del Antiguo Testamento, también se refiere a la tapa del arca de la ley.

7/ Busque Éxodo 25:17-22 y Levítico 16:2-17, 34. ¿Para qué servía el "propiciatorio" (lugar donde hacer propiciación) en el culto de Israel?

8/ A la luz de estos pasajes, ¿qué significa el hecho de que Jesucristo es nuestra propiciación?

Pablo ha utilizado el lenguaje de la ley, del mercado de esclavos y del templo para explicar la amplitud de la gracia de Dios demostrada por Cristo Jesús.

Pero note (vv. 25-26) que Dios lo hizo para manifestar su justicia, tanto en el presente como en el pasado.

9/ ¿Cómo puede Dios haber "'pasado por alto" los pecados (v. 25 en RV, y en DHH dice "perdonado") si es tan claro que todos estamos condenados (3:9)?

Si la ley no ha sido anulada (v. 31), entonces sigue vigente.

10/ ¿Qué lugar tendría la ley actualmente?

11/ ¿De qué manera la justificación de Dios elimina toda posiblidad de jactancia (v. 27) de nuestra parte?

A la luz de estos pasajes, solamente podemos decir con Pablo: "¡Gracias a Dios, porque nos ha hecho un regalo tan grande que no tenemos palabras para expresarlo!" (2 Corintios 9:15)

5 ¿Qué de Abraham?

☞ Romanos 4

¿Y qué de Abraham? Dios dijo acerca de él: "Abraham me obedeció y cumplió mis órdenes, mis mandamientos y mis enseñanzas". (Génesis 26:5)

Los judíos lo llamaron su "padre" (Juan 8:39); Dios lo llamó "mi amigo" (Isaías 41.8). Para ellos es un ejemplo de un hombre justo, porque ganó y mereció la aprobación de Dios.

Pero Pablo dice que no, sino que es padre de los que se acercan a Dios con *fe* y que es nuestro ejemplo de fe.

Lo ideal sería repasar la historia de Abraham en Génesis 12 a 23, pero por lo menos busque 15:1-7.

1/ ¿Qué creyó Abraham? ¿Cómo demostró su fe?

Algunos argumentan que "creer" es algo que hacemos y por esta razón es una "obra". De acuerdo con el versículo 4, entonces, se merece la aprobación de Dios.

2/ ¿Qué opina usted?

Aunque el pasaje trata el ejemplo de Abraham, Pablo en los versículos 7 y 8 incluye un testimonio del rey David. Cita las palabras de David en el Salmo 32.

3/ Busque ese Salmo, y lea los versículos 1-5. Explique la actitud del salmista, y por qué se sentía feliz.

4/ Para usted, ¿es fácil confesar _todo_ a Dios, o no. ¿Por qué?

En los Romanos 4: 9 12, Pablo toca el tema de la circuncisión, un tema esencial y clave para los judíos. Ellos directamente dijeron que una persona no podía salvarse sin la circuncisión (Hechos 15:1).

5/ Un elemento clave del argumento de Pablo es que en la vida de Abraham vino primero la fe y luego la circuncisión.

a/ ¿Por qué es importante que los eventos ocurrieran en ese orden?

b/ ¿Qué lugar tuvo la circuncisión en la vida de Abraham (Génesis 17)?

6/ ¿Cómo entiende usted el versículo 15?

7/ ¿Cómo es que nosotros, los no judíos, estamos incluidos en la familia de Dios? Hay por lo menos dos razones.

Romanos 4:13-25

Pablo termina destacando la fe de Abraham.

8/ Busque en los versículos 13-25. ¿Cómo es el Dios en el que Abraham creyó?

9/ En base a este pasaje,

a/ ¿qué razones tenía Abraham para desanimarse o dudar?

b/ Describa, en sus propias palabras, la fe de Abraham.

10/ De la misma manera,

a/ describa a su propia fe.

b/ ¿Ha enfrentado usted una situación "imposible" en su vida y Dios obró para resolverla?

La justificación por la fe es uno de los conceptos esenciales del evangelio. Es el fundamento de nuestra relación con Dios. Muchas personas aceptan que debemos creer en Dios, pero también necesitamos creer *a* Dios, a lo que él afirma en su Palabra. De ninguna manera podemos ganar o merecer su aprobación: "el justo por la fe vivirá." (Romanos 1:17)

6 Liberados

☞ Romanos 5

El evangelio es la buena noticia de que Dios ofrece una solución a nuestra situación. Por medio de Jesucristo ha hecho lo que es imposible para nosotros: librarnos de la culpa de nuestro pecado. Con este capítulo, Pablo comienza a explicar algunas de las consecuencias de nuestra justificación.

Es por medio de Jesucristo que tenemos paz con Dios. Y también es Jesucristo quien nos lleva a la presencia de Dios. En el versículo 2 la palabra "entrada" habla de presentar a una persona ante la realeza.

Como consecuencia, tres veces en los versículos 1-11 Pablo afirma que nos "gloriamos" (RV) o "regocijamos" (NVI).

1/ ¿Por cuáles motivos podemos, o debemos, regocijarnos?

2/ Cuando Pablo dice que esperamos "la gloria de Dios", ¿qué es, realmente, lo que esperamos? (La expresión puede usarse de dos maneras).

Luego, Pablo dice que "nos alegramos en el sufrimiento" (VP). ¡Es difícil encontrar una contradicción más evidente! Es como hablar de dulce-amargo; los dos simplemente no van juntos.

Pero Pablo dice que podemos alegrarnos aun en el sufrimiento si *sabemos* (v. 3) la función que puede tener en nuestras vidas.

3/ Si el sufrimiento produce esperanza en nosotros, ¿cómo lo hace? ¿Cómo sería el proceso por el cual el sufrimiento llega a ser esperanza?

Pablo afirma que esa esperanza no nos defrauda (v. 5) y da una razón impactante en los versículos 6-8.

4/ A la luz de estos versículos, ¿cuál es la gran diferencia entre el mensaje del cristianismo y cualquier otra religión?

Por primera vez Pablo introduce una nueva palabra aquí para hablar de lo que Cristo ha hecho por nosotros: *reconciliación*.

5/ Para que haya reconciliación entre dos personas enemistadas, ¿qué tiene que pasar?

6/ Si es así, ¿qué de extraño tiene la reconcliación entre nosotros y Dios?

Un fruto de la reconciliación es que ahora tenemos paz con Dios (v. 1).

7/ ¿Tener paz con Dios significa tener una vida tranquila y sin problemas?

Romanos 5:12-21

En los versículos 12-19 Pablo describe el contraste entre los dos Adán: Adán, el padre de la humanidad y Cristo, el "Adán" de la nueva humanidad.

8/ ¿De qué maneras los dos Adán son parecidos?

9/ ¿De qué maneras son diferentes?

Desde Adán, la muerte ha reinado sobre la humanidad. Pero desde Cristo, la vida de Cristo en nosotros reina sobre la muerte (v. 17), y la bondad de Dios reina para librarnos de culpa (v. 21).

De nuevo en el argumento de Pablo entra el tema de la ley.

10/ En base a lo que hemos visto hasta ahora en Romanos, explique la relación entre el pecado, la muerte y la ley.

Pablo dijo más de una vez en este capítulo que tenemos buenos motivos para regocijarnos.

11/ Y usted personalmente, al terminar este capítulo, ¿tiene motivos para regocijarse?

Desde 3:21 Pablo viene poniendo las bases de nuestra nueva relación con Dios. Dios nos ofrece vida gratuitamente, pero a la vez insiste en que sus hijos sean santos, como él es santo. Con el capítulo 6 Pablo comienza a trazar el camino que nos lleva a esa santidad.

7 La muerte y la vida

☞ Romanos 6

A primera vista, la pregunta del versículo 1 parece extraña. Pero en la práctica, no lo es. Con demasiada frecuencia hay creyentes que piensan: "Me dicen que esto que hago no es correcto delante de Dios, pero si él me ama y prometió perdonarme..." A veces lo hacemos inconscientemente, pero de todos modos es una manera demasiado torpe para justificar el pecado.

Pablo presenta su argumento en contra sobre la base del bautismo, y aquí es necesario hacer una aclaración.

Primero, en el comienzo de la iglesia, los creyentes se bautizaban inmediatamente al creer. Los dos aspectos –la fe y el bautismo– estaban íntimamente ligados e inseparables. Es en ese contexto que comprendemos el planteo de Pablo. Hoy día, cuando es común que el creyente se bautice semanas, meses o aun años después de su conversión, Romanos 6 confunde.

Segundo, en el bautismo, como en cualquier acto de la vida cristiana, lo esencial no es el agua, sino el corazón. No hay nada mágico en el agua. El bautismo en agua refleja un "bautismo de corazón". Aquí podemos utilizar el argumento de Romanos 2:25-29 (poner "bautismo" en lugar de "circuncisión").

La respuesta a la pregunta del versículo 1 es que hemos "muerto" con Cristo (v. 2), y Pablo explica esa conclusión con el tema del bautismo.

El versículo 3 dice, literalmente, que hemos sido bautizados en Cristo Jesús.

1/ ¿Qué quiere decir Pablo con esa figura?

Luego, en el versículo 6, Pablo afirma que el "viejo" hombre (RV), "nuestro cuerpo pecaminoso" (NVI), fue crucificado en el bautismo.

2/ Pero ¿qué fue cruficificado? ¿Qué pasó si sentimos esencialmente lo mismo antes y después de nuestro bautismo?

"Morimos" bajo el agua y nos levantamos como en la resurrección (v. 4).

3/ Pensemos un momento. ¿Cómo se siente una persona resucitada? ¿Cómo ve la vida?

Pablo afirma que hemos "muerto con Cristo", y que la persona muerta ya está liberada del problema del pecado.

4/ ¿Implica Pablo en los versículos 1-11 que el verdadero creyente no peca? Si no, ¿qué está diciendo?

En el versículo 11 Pablo habla de estar "muertos con respecto al pecado (o muertos al pecado), pero vivos para Dios".

5/ ¿Qué es estar "vivos para Dios"? ¿Cómo lo explicaría a una persona que no conoce a Cristo?

Comenzando con el versículo 12, Pablo nos lleva a la práctica. En los versículos 1-11 vemos lo que Cristo ha hecho; ahora vemos lo que nosotros debemos hacer.

Romanos 6:15-23

La pregunta del versículo 15 es lógica. Si no tenemos ley (v. 14), entonces somos libres para hacer lo que queremos. Pablo ya dijo que donde no hay ley, no hay transgresiones (4:15).

Pero justamente aquí viene la distorsión. Justamente aquí la mayoría interpreta mal el camino cristiano. Pablo enfatiza que la situación ahora es diferente, que no hablamos de la nueva vida en términos de ley sino en otros términos. Y desde 6:15 hasta el capítulo 9 nos dibuja ese nuevo camino.

6/ Pablo habla de dos esclavitudes en los versículos 15-23. Explique las diferencias esenciales entre las dos.

7/ ¿Es posible evadir la decisión y no servir a ninguno? Explique.

8/ ¿Implica el planteo de Pablo que el cristiano también puede ser esclavo del pecado? Explique.

9/ ¿De qué maneras podemos "entregar nuestro cuerpo al servicio de la justicia" (v. 19 RV)?

Una vez que conocemos a Dios y sus planes para nosotros, las preguntas de los versículos 1 y 15 tienen poco sentido. Si Dios nos ofrece luz, ¿para qué seguir en la oscuridad? Si el camino nuevo lleva a la vida, ¿para qué seguir en el camino antiguo?

Parecen claras las alternativas, pero Pablo sigue con su argumento en el capítulo 7.

8 *Yo no puedo*

☞ Romanos 7

Aunque nuestras Biblias comienzan un nuevo capítulo aquí, en realidad, esta porción es simplemente la continuación del argumento de Pablo en el capítulo 6.

Romanos 7:1-6

En los versículos 1-6 Pablo concluye su explicación de la relación entre el cristiano y la ley.

Aquí Pablo introduce una figura, la del matrimonio. Lo que dice es claro: no existe una unión matrimonial si el esposo muere.

En la figura, cuando el esposo muere, la esposa queda libre. La aplicación, entonces, debe ser que cuando muere la ley, el creyente queda libre.

1/ ¿Por qué no es, o no puede ser, así?

En la vida real hay otra alternativa, el divorcio. Pero ¿puede existir el "divorcio" entre nosotros y la ley? ¿No habrá otra manera de evitar la ley fuera de la muerte? ¿No habla Romanos 2:14-16 acerca de la posibilidad de que una persona, con fe, pueda vivir según la ley de su conciencia?

2/ ¿Qué opina usted?

Pablo afirma en el versículo 4 que nuestra relación con Dios, por medio de Jesucristo y aparte de la ley, produce "fruto" (RV) o "cosecha" (DHH).

3/ ¿Qué será ese fruto o cosecha?

Romanos 7:7-13

Pablo, desde el versículo 7, habla de su propia experiencia. Cada muchacho judío, al cumplir los trece años, asume la responsabilidad de cumplir la ley en una ceremonia religiosa llamada *bar mitzwah*. En ese momento, formalmente, asume el "yugo de la ley".

Uno podría llegar a la conclusión, en base al argumento de Pablo hasta 7:6, que la ley tiene la culpa de nuestra situación. Es a la luz de esa posibilidad que entendemos la pregunta del versículo 7. Pero Pablo se apresura en decir que el problema no es la ley, sino otra cosa.

En los versículos 8-10 Pablo afirma que antes de conocer la ley "tenía vida", pero luego la ley lo "mató".

4/ ¿Cómo entiende usted esa afirmación?

5/ Según la descripción de Pablo en este pasaje,
   a) ¿cómo es la ley?

   b) ¿Por qué, entonces, la ley no puede producir en
   nosotros lo que Dios quiere?

Romanos 7:14-25

Estos versículos han creado cierto conflicto entre los creyentes. Algunos afirman que la experiencia que Pablo nos describe no puede ser de un verdadero creyente, sino de un inconverso. Mientras otros dicen que es una buena ilustración del conflicto que vivimos todos,

6/ ¿Qué opina usted?

En el capítulo 6, Pablo afirmó que los creyentes ya no son esclavos del pecado. Sin embargo dice en el versículo 14 ¡que son esclavos del pecado! (según las versiones NVI y DHH).

7/ ¿Cómo explica usted esta aparente contradicción?

En este pasaje (vv. 14-25) Pablo habla de más de una ley. Y hay que tomar en cuenta de que existen dos clases diferentes de ley. Una es como la ley de gravedad, una fuerza natural. La otra es como la ley de la nación, un decreto.

8/ En este pasaje, ¿qué clases de leyes encontramos?

9/ ¿De qué manera este capítulo es un argumento contundente en contra del legalismo?

Es fácil imaginar a alguien que diga: "No soy culpable por lo que hice. Es el pecado que me domina (v. 20). *Quiero* hacer lo que Dios pide, pero no puedo. Yo, entonces, no soy responsable por lo que hago".

10/ Si tuviera que explicar a una persona su error, ¿cómo lo haría?

La conclusión de Pablo hasta ahora es insólita. Una religión basada en la ley, aun cuando esa ley es la Palabra de Dios, no nos puede justificar delante de Dios, ni tampoco librarnos del pecado. El problema no es la ley en sí, sino que una ley, aun la más excelente, no nos da la capacidad de aplicarla; solamente nos demuestra nuestra incapacidad.

Realmente, Pablo no explica la solución del dilema hasta el capítulo 8. Solamente apunta hacia la solución (v. 25).

11/ ¿Ha tenido experiencias como las que confiesa Pablo (vv. 14-26)? Si se anima a contar una, podría ser de ayuda para el grupo.

Pablo termina con una pregunta y su respuesta (vv. 24 y 25). Recomiendo que terminen su estudio dando gracias que hay algo más fuerte que la ley escrita y la ley del pecado.

9 La solución de Dios

☞ Romanos 8:1-17

Pablo termina el capítulo anterior con un grito, casi de angustia: ¡Miserable de mí! ¿Quién me librará de este cuerpo de muerte?

La respuesta es clara (7:25) y ahora, estos versículos del capítulo 8, la amplia.

Estos primeros versículos del capítulo ofrecen un contraste entre el Espíritu y la carne (RV), o la naturaleza pecaminosa (NVI). Dos términos que se repiten más de diez veces en estos diecisiete versículos.

1/ Para comenzar, según este pasaje, ¿quién es ese Espíritu? (Pablo lo describe de más de una manera).

El versículo 2 habla de la "ley del Espíritu" y la ley del pecado.

2/ Vimos la segunda ley en el capítulo 7. Pero ¿qué será esa "ley del Espíritu"?

Piense en lo que Pablo aquí, y otras partes del Nuevo Testamento dicen acerca de las dos leyes.

3/ Haga una lista de las maneras en que la una difiere de la otra.

Pablo afirma que uno de los propósitos de Dios en enviar a Jesucristo era para que "se cumpliera en nosotros" las demandas de la ley (v. 4).

4/ ¿De qué manera, entonces, puede cumplirse la ley en nosotros?

Pablo afirma que la clave para vivir una vida que agrada a Dios es vivir según el Espíritu. Está bien, pero ¿cómo lo hacemos?

5/ Piense bien en los siguientes conceptos y haga su interpretación acerca de cómo cumplir con ellos. ¿Son iguales? Si no, ¿qué diferencias puede haber?

a) Vivir según el Espíritu (versículo 4).

b) Preocuparse por las cosas del Espíritu (vv. 5-6, NVI y DHH). La versión RV dice "ocuparse".

c) Guiados por el Espíritu (v. 14).

Como vimos en el capítulo 4, la fe bíblica contiene una fuerte dosis de obediencia. Aquí también, Pablo describe la vida cristiana como el resultado de una decisión: *nosotros* tenemos que decidir si vamos a vivir según la "carne" o según el Espíritu. No hay nada mágico en la vida cristiana.

Dos clases de vida, dos clases de personas.

6/ ¿Cómo podemos saber cuál de las dos somos? ¿Hay evidencias claras?

7/ Según Pablo,
a) ¿será posible ser un cristiano auténtico, pero no vivir según el Espíritu?

b) Aparentemente, en nuestras iglesias, existen personas que no viven de la manera que Pablo describe aquí. ¿Cómo entendemos su situación?

Note como Pablo habla del "Espiritu de adopción" en el versículo 15. (NVI = "Espíritu que los adopta como hijos").

Busque en otras partes del Nuevo Testamento donde se habla

de esta "adopción" (conviene utilizar una concordancia). (Nota 1)

8/ ¿Cómo es la "adopción"? ¿Qué resultados tiene en nuestras vidas?

9/ ¿De qué manera el Espíritu da testimonio a nuestro espíritu (v. 16) de que somos hijos de Dios?

"Vivir en el Espíritu": ese es el desafío. Pablo no nos da mucha ayuda en estos versículos acerca de cómo vivir esa vida, pero luego en el capítulo 12 comienza una sección de instrucciones muy prácticas para la vida que agrada a Dios.

Notas:

1 - La palabra "Abba", que se encuentra en el mismo versículo, es una palabra aramea. Significa simplemente "padre", pero era (y todavía es) el término afectivo que el hijo hebreo utiliza para dirigirse a su padre.

10

Mirando hacia adelante

☞ Romanos 8:18-39

Terminamos el estudio anterior con apenas una mención sobre el sufrimiento (v. 17), pero ahora Pablo lo enfrenta directamente. La vida no es fácil y muchas veces es cruel. Por ser hijos de Dios no escapamos a esa realidad, sin embargo, por ser sus hijos, podemos ver el sufrimiento de otra manera.

1/ **El planteo de Pablo es cósmico, es decir, incluye a toda la creación. Según él,**

a)**¿cuál es el sufrimiento del universo?**

b) **¿De qué maneras vemos ese sufrimiento actualmente?**

2/ ¿Cuál sería la esperanza del universo? ¿Qué forma tendría?

Pablo considera que las cosas que podemos sufrir ahora (y él sufrió mucho) son pasajeras a la luz de lo que nos espera (v. 18).

3/ ¿La esperanza de una gloria futura realmente alivia el sufrimiento de las pruebas actuales? Explique.

En el versículo 23 la palabra "primicias" significa algo como "la primera cuota", que implica que todavía hay algo en el futuro. Pero ahora, junto con todo el universo, gemimos (v. 23), sufrimos (DHH), esperando la adopción (RV, NVI) como hijos.

4/ Pero si ya somos hijos (Gálatas 3:26; 4:6 y 1 Juan 3:1), ¿cómo es que todavía esperamos una adopción como hijos?

5/ ¿Cómo entiende usted la tarea del Espíritu descrita en los versículos 27 y 28?

Note que el versículo 28 no dice que "todas las cosas nos van a salir bien", sino que "en todas las cosas interviene Dios para bien" (Biblia de Jerusalén).

6/ ¿Cómo entiende usted la diferencia entre estas dos expresiones?

7/ Explique como una cosa mala (sufrimiento, desgracia, pérdida) puede resultar en bien para el cristiano.

Lo insólito es que en el versículo 29 Pablo afirma que somos "hermanos" de Jesucristo. Note Hebreos 2:11-12 que confirma esa misma realidad. Ser discípulo de Jesucristo es un honor grande, pero ser *hermanos* sobrepasa todo.

Luego Pablo explica que Dios dispone todas las cosas para el bien de quienes han sido llamados "de acuerdo con su propósito". Luego, en los versículos 29 y 30, detalla ese propósito.

8/ Explique, en sus propias palabras, los cinco pasos que Pablo menciona. Dios

a/

b/

c/

d/

e/

En el versículo 31 Pablo pregunta: "¿qué más podemos decir?" y, en un sentido, la respuesta es: "nada". Ya tenemos la base para la vida que agrada a Dios. Sin embargo, el "problema" de los versículos 31-34 es que hay *muchas* personas que están en nuestra contra (v. 31), son *comunes* las acusaciones (v. 33) y, hasta a veces, las condenaciones (v. 34)

9/ ¿Cómo podemos entender los versículos 31-34 a la luz de esta realidad en que vivimos?

Después de una descripción de la suerte que puede caer sobre los hijos de Dios, (vv. 35-36), Pablo dice que de eso saldremos "más que vencedores".

10/ Esta seguridad de la cual Pablo habla, ¿depende en alguna medida de nosotros?

En 1:16 Pablo introdujo su tema, el evangelio de Dios, y durante estos ocho capítulos ha desarrollado su contenido y sus implicaciones. Es a la vez simple y profundo. Simple en lo que Dios pide de nosotros; profundo en los cambios que realiza en nuestras vidas.

En 1:16 Pablo dijo que el evangelio es "poder de Dios".

11/ Como ejercicio final sobre esta presentación del evangelio, explique en qué sentido el evangelio es *poder* de Dios.

11 ¿Qué de Israel?

☞ Romanos 9:1-29

Queda pendiente un tema que Pablo no ha enfrentado todavía: el lugar de Israel en los planes de Dios. Un judío ciertamente haría la pregunta a esta altura del argumento de Pablo. Porque según su planteo, el pueblo judío queda descartado. Era el pueblo de Dios... ¿ya no lo es? ¿Qué relación existe entre el *antiguo* pueblo (los judíos) y el *nuevo* pueblo (los cristianos)? ¿Cuál es el futuro (si es que lo hay) para Israel?

Para Pablo, judío, es un tema importante. Aún más cuando el evangelio que viene explicando tiene raíces profundas en las Escrituras de ese antiguo pueblo de Dios.

1/ **Pablo comienza enumerando las ventajas que tiene Israel. Enumere esos factores e indique su importancia en cada_caso. (La lista tendrá algunas variaciones según la versión de la Biblia que utiliza).**

   a/

   b/

c/

d/

e/

f/

g/

h/

i/

**2/ Note que Pablo habla de "pacto" o "alianza" y prome-
sas. ¿De qué manera una alianza es diferente de una pro-
mesa?**

Mucho del argumento de Pablo ahora, lógicamente, viene del
Antiguo Testamento y conviene, cuando hay referencias a hechos
históricos, buscar y leer los pasajes correspondientes.

El hecho de que los judíos rechazaron al Mesías prometido por
Dios, sugiere una pregunta: ¿Falló la palabra de Dios? ¿No
cumplió Dios con sus promesas a Israel?

**3/ ¿Cómo responde Pablo a este cuestionamento en los
versículos 6-9?**

Para comprobar su argumento, introduce el caso de Rebeca y sus dos hijos (vv. 10-13). Aunque para comprender bien la situación sería necesario revisar la historia de estos dos hombres en Génesis 25:19 hasta el capítulo 33, inclusive. (Nota 1)

4/ ¿Puede pensar en un motivo por qué Dios hizo esa selección?

Si Dios decidió la suerte de dos hombres aun antes de que nacieran, entonces fácilmente llegamos a la pregunta del versículo 14.

5/ ¿Cómo responde *usted* (no Pablo) a la pregunta?

6/ ¿Por qué Dios habrá levantado a Faraón al reino sabiendo cómo era?

7/ Al final, considerando los versículos 14-21, ¿hasta qée punto existe nuestra libertad? ¿Son decisiones nuestras las que determinan nuestra vida o decisiones de Dios?

El argumento de Pablo hasta aquí es fácil. Dios tiene el *derecho* de hacer lo que quiere. Si él quiere dar el trono de Egipto a un hombre terco, puede hacerlo. Pero también, si quiere demostrar su misericordia a los que no lo merecen, lo puede hacer.

No olvide que el tema de estos tres capítulos es principalmente Israel y el lugar de ese pueblo en los planes de Dios.

8/ ¿De qué manera los versículos 22-29 responden a la pregunta del versículo 14?

9/ Tomando en cuenta el pasaje de estudio (vv. 1-29), ¿qué quería comprobar Pablo con esta parte de su carta?

El hombre reclama justicia, y Pablo demuestra que Dios siempre ha actuado con justicia. Simplemente, él tiene el *derecho* de hacer lo que quiere.

Pero, como Pablo insiste en el pasaje, Dios también ha actuado con misericordia, tanto con los judíos, como con los gentiles. Los miembros de los dos grupos no tenemos el derecho de quejarnos delante de Dios, ni de jactarnos, como Pablo demuestra en los dos capítulos que siguen.

Notas

1 - Es importante reconocer que la palabra "aborrecer" puede interpretarse como "amar menos" en vez de "odiar". También es importante recordar que Dios bendijo a Esaú y éste llegó a ser muy próspero.

12

¿En qué fallaron?

☞ Romanos 9:30 - 10:21

Pablo ha insistido en el derecho que tiene Dios de hacer lo que quiere con nosotros, su creación. Pero, a la vez, también ha insistido en que Dios nos ha tratado con misericordia. En este pasaje, se demuestra cómo ha extendido su misericordia a judíos y a gentiles.

Pablo comienza esta parte comentando sobre una paradoja: los judíos que buscaban ser justificados por Dios no lo encontraron, mientras que los gentiles encontraron lo que no buscaban.

1/ Lo que ocurrió, según Pablo, es que los judíos tropezaron sobre una "piedra".

a/ ¿Cuál era esa piedra? ¿Qué pasaje del Nuevo Testamento lo afirma?

b/ ¿Por qué los judíos tropezaron más fácilmente sobre ella que los gentiles?

Note que en el versículo 2 Pablo afirma que los judíos tienen un gran deseo de servir a Dios (DHH) o que muestran celo por Dios (NVI).

2/ ¿Por qué esta afirmación de Pablo no contradice lo que dijo en 3:10-18?

3/ ¿Cuál fue el error fatal de los judíos en su búsqueda de Dios?

El versículo 4 dice que Cristo es el "fin de la ley" (RV), donde la palabra "fin" puede significar "terminación" o "meta".

4/ Explique, a la luz de esto, cómo Cristo es el "fin" de la ley.

Pablo aquí (v. 5) y en Gálatas, insiste que uno no puede cumplir solamente una parte de la ley; necesitamos obedecer todo, o nada. O vivimos por ley, o vivimos por fe.

En los versículos 6-8 Pablo cita a Deuteronomio 30:11-14

5/ En esencia, ¿qué quiere afirmar Pablo con esta cita?

Pablo afirma que es necesario creer y también confesar el señorío de Cristo para alcanzar la salvación.

6/ ¿Por qué no es suficiente creer con el corazón solamente?

7/ Según Pablo, hay tres promesas para los que invocan al Señor. ¿Cuáles son?

a/

b/

c/

En los primeros capítulos de Romanos Pablo dejó sentado que no hay diferencia entre judío y gentil: los dos enfrentamos la misma condenación y por las mismas razones. De nuevo en 10:12 repite que no hay diferencia, pero esta vez es para destacar que los dos tenemos el mismo acceso al reino, y bajo las mismas condiciones.

8/ Pero note la serie de preguntas en los versículos 14 y 15. ¿Qué respuesta tienen todas ellas?

Pablo lamenta que no todos los de su pueblo hicieron caso del mensaje. (Recuerde de nuevo que el tema aquí es la suerte de Israel). Insiste que ellos habían tenido la oportunidad y, a esa altura de la historia, el evangelio se había extendido a todas las ciudades que tenían concentraciones importantes de judíos. Su falta de respuesta al evangelio era simplemente la desobediencia. (v. 21)

9/ En base a los versículos 11-21, ¿qué aprendemos acerca de Dios?

En el capítulo 11, Pablo ubica la rebeldía del pueblo judío en el flujo de la historia y aclara su futuro.

---

13 Mirando hacia adelante

☞ Romanos 11

Con el capítulo 11 Pablo concluye su explicación del lugar que cumple Israel en los planes de Dios. Nos encontramos con una serie de figuras y una lógica que no son fáciles de entender para nosotros, personas del siglo 21.

Versículos 1-10

Pablo pregunta si Dios ha rechazado a su antiguo pueblo y responde con un rotundo "¡No!"

1/ ¿Cuáles son las dos pruebas que Pablo da para afirmar esto?

a/

b/

2/ ¿Quiénes forman ese "remanente" (v. 5) del cual habla Pablo?

3/ ¿Qué le parece? ¿Los judíos fueron "endurecidos" (v. 7) por Dios o se endurecieron por su falta de fe?

Versículos 11-24

Jesús vino al mundo como el Mesías de Israel (Mateo 15:24).

4/ ¿Qué habría pasado si Israel *no* hubiera rechazado el evangelio?

Desde el versículo 16 hasta el 24 Pablo utiliza figuras. La primera del versículo 16 viene de Números 15:17-21, cuando el israelita ofrecía la primera porción ("las primicias") de su siega a Dios. De esta manera, consagraba toda la cosecha.

La figura del olivo en los versículos 17-24 es clara: las ramas cortadas representan a Israel, y las injertadas a nosotros, los gentiles.

5/ Pero si es así, ¿qué representa la raíz, o tronco, del olivo?

Pablo habla de ramas cortadas y ramas injertadas, pero queda una duda. Afirma en el versículo 22 que "tú también serás desgajada" (NIV) o "tú también serás eliminado". Esto despierta una pregunta difícil.

6/ El "tú" de este versículo se refiere al creyente, a la iglesia, o a qué? ¿Qué opina usted y sobre qué base?

Versículos 25-36

Pablo nos comunica un secreto: el plan de Dios no terminó con la llegada del evangelio. Su antiguo pueblo todavía jugará su parte en el reino que viene. Sin embargo, el Israel actual es una nación secular. Un porcentaje son judíos practicantes, pero son una minoría. Esto despierta *otra* pregunta dificil.

7/ ¿Será salva toda la nación? ¿O se refiere al "remanente" fiel al Mesías? ¿Qué le parece y por qué?

8/ El versículo 28 dice que Israel es, a la vez, "enemigo y amado". ¿Cómo puede ser eso?

9/ ¿A qué quiere llegar Pablo con la cita de Isaías en los versículos 26 y 27?

10/ ¿Qué le parece que es el mensaje principal del capítulo 11? ¿Qué, en esencia, quiere comunicarnos?

Pablo termina con un grito de admiración y alegría (vv. 33-36). Hay aspectos del argumento de Pablo en estos tres últimos capítulos que son muy difíciles de comprender, y aún de aceptar. Pero Pablo responde: ¡No importa!

En un sentido la doxología de Pablo en los versículos 33-36 es un resumen de lo que ha argumentado en los capítulos 9-11.

11/ ¿Qué nos revelan estos versículos acerca de Dios?

Dios no rechazó a Israel, sino que Israel rechazó a Dios, y su rechazo resultó en vida para nosotros.

Sugiero que terminen esta sesión de su grupo con oración basada en los versículos 33-36.

14 *La nueva vida*

☞ Romanos 12:1-8

Con el capítulo 12 vamos a la práctica. Hemos sido justificados, reconciliados con Dios, adoptados en la familia de Dios, con la realidad de la presencia de su Espíritu en nuestras vidas. ¿Cómo, entonces, debemos vivir?

El punto de partida son los versículos 1 y 2. En ellos vemos la actitud esencial del creyente que desea vivir como Dios quiere. El versículo 1 habla de sacrificio. ¡Pero normalmente los sacrificios mueren!

1/ ¿Qué puede significar ofrecerse como un "sacrificio vivo"?

Pablo dice que ofrecernos como sacrificio es nuestro "verdadero culto" (RV) o "adoración espiritual" (NVI). Pero la expresión (como indican diferentes traducciones) puede rendirse como "culto espiritual" o "culto racional".

2/ ¿Las dos maneras de expresar el culto son equivalentes? Es decir, ¿una adoración "espiritual" será lo mismo que una adoración "racional"? ¿Por qué?

Según Pablo, debemos ofrecernos a Dios y no amoldarnos al mundo. Y la manera de hacerlo es "renovando nuestra mente".

3/ Pablo dice que esa es la manera para conocer la voluntad de Dios. No hay duda de que debemos estudiar su Palabra, pero estudiar sólo no es suficiente. ¿Por qué?

4/ ¿De qué manera el versículo 4 es una explicación de lo que Pablo afirma en el versículo 3?

5/ ¿Cuáles son las características de una iglesia sana que podemos sacar del versículo 5?

6/ ¿Su iglesia funciona como un cuerpo? Si no, ¿qué es lo que falta?

Versículos 3-8

En este pasaje, Pablo toca el tema de los dones del Espíritu (Nota 1) (Se hace un estudio amplio del tema en el cuaderno *Dones del Espíritu*). Si bien Pablo ha destacado nuestra relación personal con Dios en los capítulos anteriores, ahora enfoca nuestra relación con las demás personas. Y los dones son para servir a los demás.

La vida de una iglesia depende de los dones de sus miembros.

7/ ¿Pero qué debo hacer si no tengo (o por lo menos no siento que tenga) uno de los dones que Pablo menciona?

El planteo del pasaje es sencillo. Si tengo un don, debo utilizarlo. Por ejemplo, dice literalmente:

> Si es servicio, en servir.
> Si es enseñanza, en enseñar.
> Si es de animar, en animar.

Sin embargo, hay tres excepciones a esta comparación

sencilla. Por ejemplo Pablo dice que el que tiene el don de profecía debe utilizarlo a la medida de su fe.

Note en 1 Corintios 14:3 y 4 como Pablo define la profecía.

8/ Si es así,

a/ ¿qué lugar tiene ese don en la iglesia? Sea práctico.

b/ ¿Qué significa utilizarlo "en proporción con su fe" (NVI) o "conforme a la medida de fe" (RV?

Pablo dice que la persona que da debe hacerlo con "sencillez" (DHH) o con "generosidad" (NVI). Es que la palabra puede significa generosidad, sinceridad, devoción. Una versión inglesa dice "de todo corazón".

Pero cuando habla de "ayudar a los necesitados" (DHH), "mostrar misericordia" o "mostrar compasión" dice que debemos hacerlo con alegría.

9/ ¿Será posible ayudar a los necesitados con tristeza? Explique.

Es Dios quien da los dones, y lo hace según su propia comprensión de las necesidades de la iglesia. Nos da todos los recursos que necesitamos para ser personas sanas e iglesias sanas.

Notas

1 - La palabra "gracia" es una traducción de la palabra griega "cáris". Significa un regalo o servicio no merecido, un "don inmerecido". La palabra que Pablo utiliza aquí es "cárisma", es decir, los dones son dones de gracia.

15 Recursos

☞ Romanos 12.9-21

En el versículo 4, Pablo afirma que la iglesia es como un cuerpo. Pero, como bien sabemos, hay cuerpos sanos y cuerpos enfermos. Pablo en estos versículos nos da pautas práticas para que seamos un cuerpo sano.

1/ En los versículos 9-16,

a/ ¿cuántas instrucciones hay para nuestra propia vida y cuántas para nuestra relación con otras personas?

b/ De la parte a/ se da cuenta de que no hay una gran diferencia. ¿Qué conclusión puede sugerir esta relación?

2/ De la misma manera, ¿qué porcentaje de estos versículos son prohibiciones? ¿Se puede sacar una conclusión de esta diferencia?

Veamos algunas de estas instrucciones con más detalle.

3/ Los versículos 9 y 10 hablan del amor y sugieren que hay dos clases de amor. ¿Cuáles son? ¿Cuál es la diferencia?

4/ Llama la atención que la expresión "aborrezcan el mal" está justamente en el contexto de "amar" (vv. 9 y 10). ¿Qué debemos aborrecer?

5/ ¿De qué maneras podemos ser "perezosos" (v. 11) ¿Cuál es el verdadero problema?

La hospitalidad era muy importante en esa cultura que no tenía medios de transporte. Los viajeros iban de pueblo en pueblo, y era de esperar que los creyentes hayan ofrecido hospitalidad a sus hermanos. Pero también, los que tenemos hogares podemos ofrecer un servicio importante para nuestros hermanos si los invitemos a compartir una comida con nosotros.

6/ En nuestro caso (v. 14),

   a/ ¿quiénes serán los que nos "persiguen"?

   b/ ¿Qué sería "maldecirlos"?

   c/ ¿Cómo los podemos "bendecir" ?

1 Corintios 12:26 sugiere que lo que pasa a un miembro del cuerpo nos afecta a todos. Así el versículo 15 afirma que tenemos la tarea de consolar a los que sufren y celebrar con los que viven buenos momentos.

El versículo 16 nos enfrenta con un desafío repetido muchas veces en el Nuevo Testamento. Va totalmente en contra de nuestra naturaleza.

7/ ¿Es posible, realmente, ponerse "al nivel de los humildes" (DHH)? ¿Qué exige de nosotros? ¿Cómo podemos hacerlo?

Es casi inevitable que haya tensiones y conflictos en un grupo humano, aun cuando sea formado por creyentes. Puede ser que no vivamos como "enemigos", sin embargo hay pocas iglesias que no han tenido por lo menos una división.

8/ ¿Qué implica el versículo 18 para nuestra vida?

Aunque hemos dividido este capítulo en secciones, su mensaje es uno solo. Para el último ejercicio, hagamos un bosquejo del capítulo, dando un título a cada sección y anotando brevemente la lección principal que debemos aprender de esa sección.

9/	**Titulo**	**Lección principal**
a/ vv. 1-2		
b/ vv. 3-8		
c/ vv. 9-13		

d/ vv. 14-21

En el capítulo 8 Pablo nos exhortó a andar en el Espíritu, pero no nos dijo cómo hacerlo. Los capítulos 12 a 15 nos llevan al "cómo" de la vida cristiana.

16

¿Cómo cumplir la ley?

☞ Romanos 13

Este capítulo realmente contiene tres temas, y conviene que los separemos antes de comenzar el estudio.

1/ Llene el siguiente bosquejo, dando un título a cada sección.

a/ Versículos 1-7

b/ Versículos 8-10

c/ Versículos 11-14

El tema de la relación entre el cristiano y el gobierno secular no es fácil. Su aplicación ha sido discutida casi desde el nacimiento de la iglesia.

Pablo vivía en un tiempo cuando los cristianos eran aceptados como una rama del judaísmo y, como consecuencia, tenían la protección del Imperio Romano como una religión "lícita". Pero aun después de que comenzara la persecución "oficial" contra la iglesia, los pastores citaban a Pablo como quien señaló la actitud correcta que debían asumir.

2/ Pablo dice simplemente que debemos someternos a la autoridad civil. ¿Cuáles son sus razones principales para decir esto?

a/

b/

c/

3/ Según Pablo ¿cuál es la *función* de la autoridad civil?

Pablo dice que el concepto de autoridad civil fue implantado por Dios. Afirma en sus cartas que Dios ha establecido varias relaciones de autoridad (esposo/esposa, padres/hijos, pastor/iglesia, etc.) que incluyen la autoridad civil. A la luz de los capítulos 1 y 2 de Romanos, podemos comprender por qué es necesario.

Pero, ¿qué pasa cuando un gobierno en particular es corrupto? ¿Se aplica todavía este principio de autoridad? ¿Debemos someternos o no? Muchos piensan que el verdadero poder tras el Hitler de Alemania, por ejemplo, es el que menciona Efesios 6:12. ¿Debemos resistir en un caso parecido?

4/ Aunque este pasaje de Romanos no nos da pautas para responder "bíblicamente", ¿qué opina usted?

Romanos 13:8-10

5/ ¿Implica el versículo 8 que nunca debemos comprar nada a crédito, o está hablando de otra cosa? Explique.

Resumir toda la ley en un solo mandamiento casi parece una exageración. Es decir, hay situaciones donde no es tan fácil saber cómo aplicar la "ley de amor".

6/ Por ejemplo, ¿cómo la debemos apllicar

a/ cuando el cónyuge cae en adulterio?

b/ cuando los hijos insisten que quieren nuevos juguetes y, en realidad, no los necesitan.?

c/ cuando el vecino no devuelve las cosas que pidió prestadas.

Romanos 13:11-14

Note como la Biblia de Jerusalén y la Versión Popular hablan de "tomar en cuenta los tiempos en que vivimos". Para Pablo, en ese tiempo, significaba una cosa; pero para nosotros, otra. Sin embargo, la exhortación sirve para creyentes de cualquier época. Su exhortación es que debemos "despertarnos".

7/ ¿De qué "sueño" habla Pablo en el versículo 11? ¿Estamos dormidos?

Pablo hace un contraste entre "día" y "noche", y afirma que ahora estamos en la noche. Pero con esto viene otra exhortación.

8/ /Qué será "vestirnos de luz" (v. 12)? ¿Qué debemos hacer?

El mensaje del evangelio es muy práctico. Se aplica a todos los aspectos de la vida. Y como dijo el Señor: "El que tiene oídos para oir, que oiga" .

17 Conflictos

☞ Romanos 14

Muchos conocemos de cerca el tema de esta sección. Aunque el hijo de Dios debe vivir en armonía con sus hermanos (capitulo 12), la realidad muchas veces es otra. Pablo aquí se enfrenta con una de las causas principales de los roces.

Romanos 14.1-12

1/ **En base a este pasaje, explique cómo es el hermano**
   a/ **"débil":**

/b **"fuerte":**

Es llamativo que Pablo llama "débiles" a los más firmes o más dogmáticos, mientras que llama "fuertes" a los menos estrictos, los que menos adhieren a las formas tradicionales de las iglesias.

2/ ¿Cuál puede ser la razón por la que los caracteriza así?

3/ Pablo menciona dos áreas específicas de conflictos entre los "fuertes" y los "débiles".

a/ La primera área de conflicto es

b/ ¿Existen conflictos hoy en día (en esa misma área)?
Explique.

c/ La segunda área de conflicto es

d/ ¿Existe un conflicto parecido hoy en día? Explique.

4/ Según su experiencia y lo que dice Pablo, ¿qué actitud normalmente tiene

    a/ el fuerte hacia el débil?

    b/ el débil hacia el fuerte?

5/ ¿Qué razones da Pablo en este pasaje (hay varias en los vv. 1-12) que indican que esas actitudes no son aceptables?

Romanos 14:14-23

Pablo insiste mucho en sus cartas sobre el tema de la libertad. Pero a la vez, pone límites claros a ella. 1 Corintios 6:12 es un buen ejemplo; este pasaje es otro.

Aquí el punto de posible conflicto tiene que ver con las comidas que los judíos consideraban prohibidas. Y era tema candente para las primeras iglesias, ya que muchos hermanos se habían convertido del judaísmo y la carne vendida en el mercado normalmente había sido ofrecida como sacrificio a un ídolo.

6/ ¿Cuál puede ser hoy en día un motivo similar de conflicto (fuera de la comida), es decir, algo que algunos creyentes aceptan, pero que otros rechazan?

7/ Si soy de una iglesia que tiene una práctica que considero incorrecta, ¿cómo debo actuar en ese caso?

Cuando pensamos en cómo aplicar las pautas de este capítulo, nos encontramos con dos complicaciones. La primera es que hay dos clases de hermanos "débiles". Los primeros son los nuevos en la fe, y hay un peligro real de que se aparten de ella. Los segundos no son nuevos en la fe y tienen convicciones muy firmes. Sin embargo, actúan como los "débiles" de los versículos 1-12. Son dos clases distintas de personas, y son "débiles" por razones distintas.

Vemos que Pablo no siempre cedió frente a los "débiles" (Gálatas 2:11-14). Pero en la práctica, ¿cómo podemos distinguir entre los dos casos? ¿*Debemos* distinguirlos? ¿Hay pautas para actuar en ambos casos?

8/ ¿Qué opina usted?

La otra complicación del tema de este capítulo es que el punto de contienda puede ser una tradición por un lado, o un mandato bíblico por el otro. A veces es fácil distinguir entre los dos, pero no siempre. Un ejemplo sería el levantar las manos en oración. (1 Timoteo 2:8) Muchos grupos lo practican, pero muchos otros, no, y estos últimos se sienten muy incómodos si alguien en su congregación lo hace.

Ahora, si una persona en una congregación donde no se levantan las manos insiste en hacerlo, tiene una base bíblica para defender su derecho. ¿Pero conviene hacerlo en ese caso o no? ¿Debemos aceptar la "tradición" (no levantar las manos) o enfrentarla?

9/ ¿Qué opina usted?

10/ ¿Puede pensar en un caso donde *no* conviene ceder? Es decir, cuando una tradición o práctica de la iglesia no está de acuerdo con un mandato bíblico de importancia?

11/ En todo este capítulo, ¿cuál es la pauta principal que debemos seguir?

18 *Pablo y sus planes*

☞ Romanos 15

Romanos 15:1-13

Pablo sigue con el tema de las relaciones. Una iglesia sana es una iglesia unida, y una iglesia unida es una que ha aprendido manejar los conflictos.

Pablo, de nuevo, habla de los "fuertes" y de los "débiles". Seguramente los débiles que vimos en el capítulo anterior sentían que realmente eran los fuertes por ser más fieles a las tradiciones.

Pablo dice que los fuertes deben "apoyar" (NVI), "soportar" (RV) a los débiles. La versión DHH dice: "debemos aceptar como nuestras las debilidades de los que son menos fuertes".

1/ ¿Cómo se hace eso?

2/ ¿Qué es "agradar" al hermano (v. 2)? Es lo mismo que estar siempre de acuerdo con él? Cómo practicamos esto?

Pablo afirma que todos estos consejos acerca de los "débiles" y los "fuertes" son para que crezcan (v. 2), para que vivan en armonía (v. 5) y para que juntos glorifiquen a Dios (v. 6). También afirma que son las Escrituras las que deben enseñarnos y animarnos (v. 4). Por supuesto que está hablando del Antiguo Testamento que para los primeros cristianos era la única Biblia que existía.

3/ En cuanto al Antiguo Testamento,

a/ ¿lo ha leído todo? Si no, ¿por qué? ¿Qué experiencia ha tenido con ello?

b/ ¿Contiene algo para la vida que no tiene el Nuevo Testamento? ¿Qué es que debe enseñarnos?

4/ Explique por qué los gentiles (casi todos nosotros) debemos glorificar a Dios, si Cristo vino a servir a los judíos. (v. 8)

Con el versículo 13 Pablo concluye sus consejos prácticos para la iglesia. Una comprensión de la profundidad y amplitud del evangelio (los primeros capítulos de Romanos) debe llevarnos a una vida que honra al Dios quien nos llamó.

Romanos 15:14-21

5/ Noten las características de los hermanos de Roma en el versículo 14.

a/ ¿Falta una en su iglesia?

b/ ¿Se puede hacer algo para corregir la falta?

En estos versículos Pablo describe su misión como apóstol. Es en el libro de Los Hechos donde lo vemos en acción, pero aquí nos explica algo de sus principios.

6/ ¿Cuáles principios podemos sacar de estos versículos que podemos aplicar a *nuestra* misión?

Romanos 15:22-33

Pablo viajaba hacia Jerusalén llevando una ofrenda para la iglesia de esa ciudad. Pensaba luego seguir viaje hacia España y visitar a Roma de paso.

Menciona que una parte de la ofrenda que llevaba venía de las iglesias de la provincia de Macedonia.

7/ Pablo comenta acerca de esa ofrenda en 2 Corintios 8:1-5. ¿Qué aspectos especiales tenía esa ofrenda?

¿Qué se debe hacer si los hermanos de su iglesia no son así? ¿Será correcto exigir el diezmo como hacen en algunas iglesias?

8/ ¿Qué opina usted?

Vemos que Pablo sentía que podía tener problemas al llegar a Jerusalén y pide oración de parte de sus hermanos en Roma. Afirma que de esa manera iban a acomparle en su lucha. Ésta es, también, una manera en que nosotros podemos trabajar unidos con los que están en la frente de la batalla.

Sin embargo, sabemos como fue el final de esa historia. Pablo llegó a Jerusalén, pero le tomaron preso y pasaron tres años antes de que hiciera su visita a Roma... pero como preso.

Pablo revela mucho de sí mismo en esta carta. Sabemos que podía ser muy cariñoso (1 Tesalonicenses 1, 8, 11) pero a la vez muy duro (Gálatas). Sabía lo que hacía falta en cada caso. En todo es el ejemplo de un hombre que sometió su vida entera a Dios.

19 Conclusión personal

☞ Romanos 16

Llegamos al último capítulo de Romanos. Es corto y tiene sus características particulares. Lo que nos llama la atención es la lista larga de personas a quienes saluda. Se da cuenta de que, aunque Pablo no había estado en Roma durante sus extensos viajes misioneros, había conocido y trabajado con muchas personas.

Febe, a quien Pablo nombra en el versículo 1, probablemente era la persona que llevó esta carta a su destino. Noten que Pablo la llama "diaconisa". La palabra en griego es "diaconos" y significa siervo, y así se traduce normalmente.

Pero varias veces se traduce como "diácono", y es posible que existiera tal puesto (los comentaristas no están de acuerdo). Hay muchas iglesias que actualmente tienen diáconos. Es muy posible que Los Hechos 6 menciona el primer nombramiento de diáconos.

1/ Pensando en los diáconos,

a/ ¿qué tarea tendría una persona con esa posición?

---

b/ Si hay otros hermanos en la iglesia que pueden hacer la misma tarea, ¿hace falta una posición de "diácono"?

La cantidad de personas que Pablo nombra es extensa y variada: parientes, mujeres, compañeros de cárcel, muchos que estaban trabajando por el Señor, y hasta un funcionario.

2/ ¿Qué de especial aprendemos de

a/ Adrónico y Junías?

b/ Rufo?

c/ Erasto?

3/ ¿Qué nos enseña esta lista acerca de Pablo mismo?

Pablo menciona especialmente a Febe, tal vez porque parece ser ella quien llevó esta carta a Roma.

También da un lugar especial a Prisca y Aquila. Ellos tenían un rol importante en el desarrollo de la iglesia en sus primeros años. Note Hechos 18:2, 3, 18 y 24-26. También Pablo los menciona en 1 Corintios 16:19 y 2 Timoteo 4:19 (Priscilla y Prisca son la misma persona).

4/ ¿Qué de especial tiene este matrimonio?

Repetidas veces Pablo habla de la necesidad de amar a nuestros hermanos, de no juzgarlos y de aceptarlos a todos igualmente. Pero en 16:17 cambia su tono.

5/ Según Pablo,

a/ ¿cuáles son los dos peligros en los cuales deben fijarse?

b/ ¿cómo eran las personas que representaban esos peligros?

c/ ¿los peligros vienen de dentro o de fuera de la
iglesia?

6/ Los peligros que enfrentamos hoy, ¿son parecidos o
existen otros? Por ejemplo?

7/ En base a Mateo 18:15-17 y lo que dice Pablo aquí,
explique cómo puede ser la manera de enfrentar esta
clase de personas.

Pablo dice que ellos debían ser sagaces, o sabios, y no dejarse
llevar por los que traen "novedades" que pueden crear divisiones
en la iglesia.

8/ ¿Implica esto que tiene que haber uniformidad en todo?
¿Hay lugar para las diferencias?

La doxología de los versículos 25-27 es una alabanza al Dios que impulsó a Pablo a escribir esta carta.

9/ Según Pablo,

a/ ¿qué hizo Dios en el pasado?

b/ ¿Qué hace ahora?

c/ ¿Con qué fin?

10/ Vamos a hechar ahora un vistazo global al libro, en forma de bosquejo. Repase cada sección del libro y dé a cada una un título corto que revele su contenido.

1

2-3:20

3:21-4

5

6

7

8:1-17

8:18-39

9, 10

11

12

13

14:1-15:13

15:14-27

16

11/ Al terminar nuestro estudio de Romanos, ¿cómo lo evalúa usted? ¿Qué impacto personal le produjo? ¿Qué le impactó más?

Terminamos con un párrafo tomado de la introducción a Romanos de William Tyndale (1494 - 1536), pionero de la traducción de la Biblia al inglés.

Adelante, buen lector, siguiendo el orden de lo escrito por Pablo. Primero, mírese a sí mismo con cuidado en la ley de Dios, y observe su condenación justa. Segundo, mire hacia Cristo, y observe la misericordia enorme de su buen y amante Padre. Tercero, recuerde que Dios no logró esta salvación para que lo haga enojar de nuevo: no murió por sus pecados para que siga viviendo en ellos; tampoco le limpió para que regrese (como el chancho) a la inmundicia; pero lo hizo para que sea una nueva creación y viva una vida nueva según la voluntad de Dios, y no de la carne. Y esté atento para evitar que por su propia negligencia y falta de gratitud pierda de nuevo este favor y misericordia.

Cómo utilizar este cuaderno

Este cuaderno es una guía de estudio, es decir que su propósito es guiarle a usted para que haga su propio estudio del tema o libro de la Biblia que desarrolla este material.

El cuaderno propone un diálogo. En él introducimos el tema, sugerimos cómo proceder con la investigación, comentamos, pero también preguntamos. Los espacios en blanco después de las preguntas son para que usted anote sus respuestas.

Esperamos que por medio del diálogo le ayudemos a forjar su propia comprensión del tema. No de segunda mano, como cuando se escucha un sermón, sino como fruto de su propia lectura e investigación.

¿Cómo hacer el estudio?

1 - Antes de comenzar, ore. Pida ayuda a Dios que le hable y le dé comprensión durante su estudio.

2 - Debe leer los pasajes bíblicos más de una vez y preguntarse: ¿Qué dice el autor? Aunque muchos utilizan la "Versión Reina-Valera" de la Biblia, conviene tener otra versión, o versiones, disponible para comparar los pasajes. La "Versión Popular" y la "Nueva Versión Internacional" le pueden ayudar a ver el pasaje con más claridad.

3 - Siga con la lectura de la lección. Responda lo mejor que pueda a las preguntas.

4 - Evite la tendencia de apurarse para terminar. Es mejor avanzar lentamente, pensando, preguntando, aclarando.

En grupo

El estudio personal es de mucho valor, pero se multiplican los beneficios si lo acompaña con el estudio en grupo. Un grupo de hasta ocho personas es lo ideal. Pero puede ser que, por diferentes motivos, el grupo esté formado por usted y una persona más; aun así, es mejor que estudiar solo.

En realidad, estos cuadernos han sido diseñados con el motivo siguiente: estimular el estudio en células, en grupos pequeños.

La manera de hacerlo es fácil:

1 - Haga en forma personal una de las lecciones del cuaderno. Aun cuando pueda haber cosas que no entienda bien, haga el mayor esfuerzo posible para completar la lección.

2 - Luego reúnase con su grupo. En el grupo comparten entre todos las respuestas de cada pregunta. Puede ser que no tengan las mismas respuestas, pero, comparando entre todos, las van aclarando y corrigiendo. En este compartir semanal de una hora y media, este diálogo entre todos, se encuentra la verdadera riqueza que nos provee esta forma de estudio.

3 - Evite salirse del tema. El tiempo es oro, y lo más importante es enfocar todo el esfuerzo del grupo en el tema de la lección. Luego pueden dedicar tiempo para conocerse más y tener un rato social.

4 - Participe. Todos deben participar. La riqueza del trabajo en grupo es justamente eso.

5 - Escuche. Hay una tendencia de apurar nuestras propias opiniones sin permitir que el otro termine. Vamos a aprender de cada uno, aun de los que, según nuestra opinión, estén equivocados.

6 - No domine la discusión. Puede ser que usted tenga todas las respuestas correctas, sin embargo es importante dar lugar a todos y estimular a los tímidos a participar. No se trata de sobresalir, sino de compartir aprendiendo juntos.

Si en el grupo no hay una persona con experienca en coordinarlo, puede encontrar ayuda para dirigir un grupo en los siguientes lugares:

1 - Nuestra página web: www.edicionescc.com. La sección "Capacitación" ofrece una explicación breve del método de estudio.
2 - Las últimas páginas de nuestro catálogo ofrecen también una orientación.
3 - El cuaderno titulado "Células y otros grupos pequeños" es un curso de capacitación para los que desean aprender a coordinar un grupo.
4 - Algunas guías disponen de un cuaderno de sugerencias para el coordinador del grupo.

Finalmente diremos que las guías no contienen respuestas a las preguntas, ya que el cuaderno es exactamente eso: una guia, una ayuda para estimular su propio pensamiento, no un comentario ni un sermón. Le marcamos el camino, pero usted lo tiene que seguir.

Que el Señor lo acompañe en esta tarea y, si necesita ayuda, comuníquese con nosotros. Estamos para servirle.